VAMOS APRENDER E TREINAR O TRAÇADO DAS LETRAS DO ALFABETO?

PARA CADA LETRA, CONHEÇA UM BRINQUEDO OU BRINCADEIRA. EXPERIMENTE BRINCAR COM ELAS E DIVIRTA-SE!

AGORA, COPIE AS LETRAS E AS PALAVRAS ABAIXO.

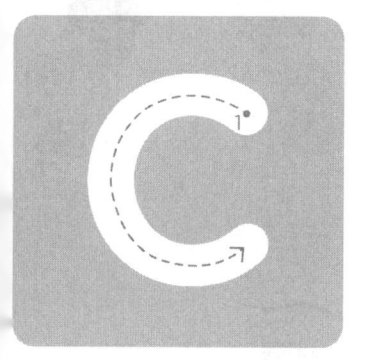

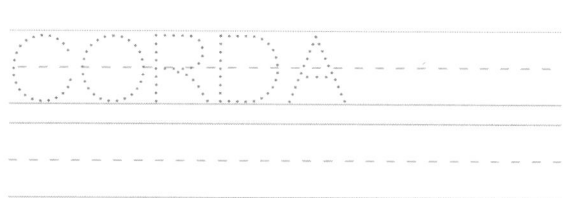

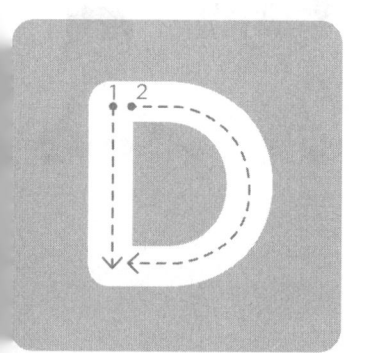

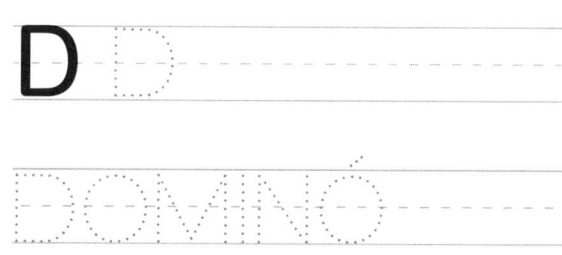

A A
AMARELINHA

B B
BINGO

C C
CORDA

D D
DOMINÓ

COLEÇÃO *Caligrafia* **INCRÍVEL** – Alfabeto e Palavras

E

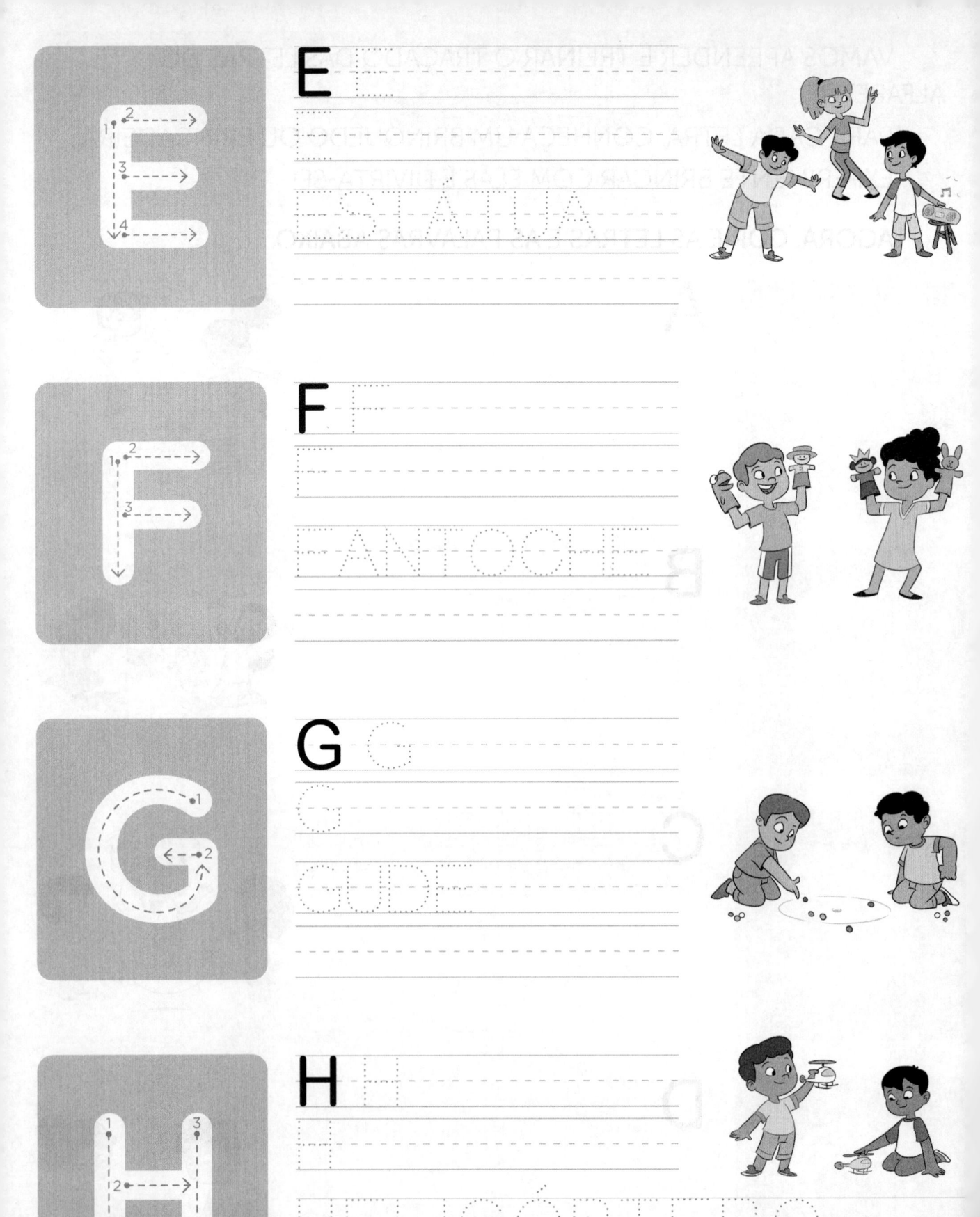

ESTÁTUA

F

FANTOCHE

G

GUDE

H

HELICÓPTERO

I
IÔ-Ô

J
J
JOGO DA VELHA

K
K
KARAOKÊ

L
L
LIMBO

M

M M
M
MÍMICA

N

N N
N
NAVIO

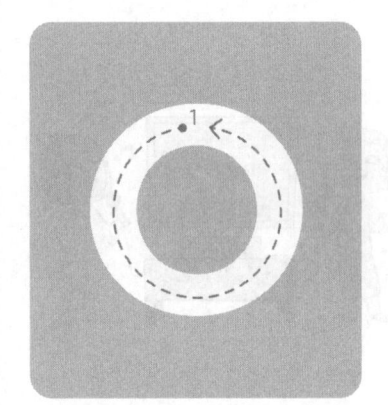

O

O O
O
ORIGAMI

P

P P
P
PIÃO

Q

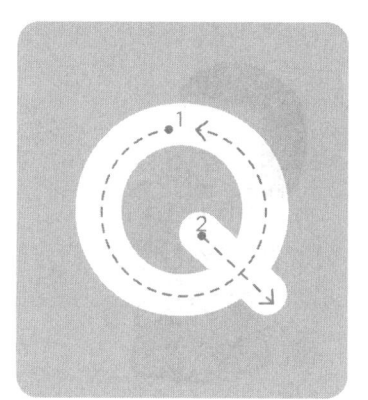

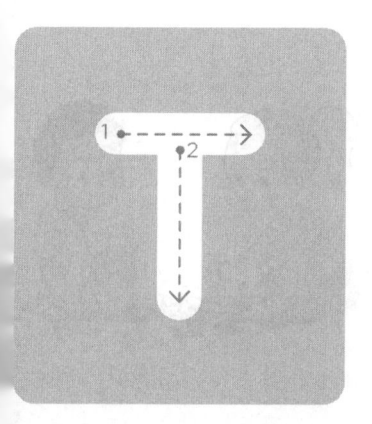

Q q

QUEBRA-CABEÇAS

R

R r

RODA

S

S s

SKATE

T

T t

TANGRAM

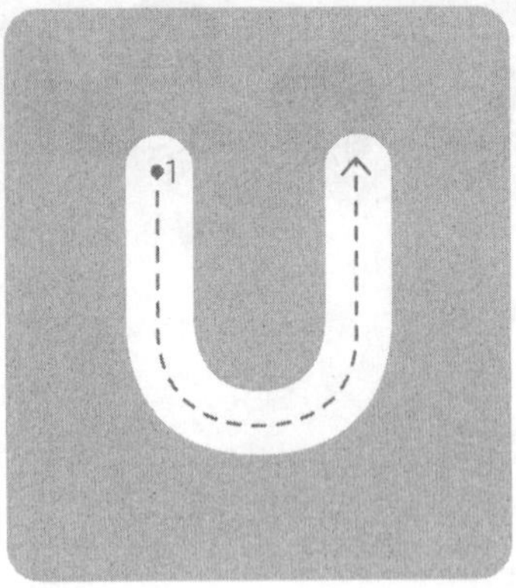

U

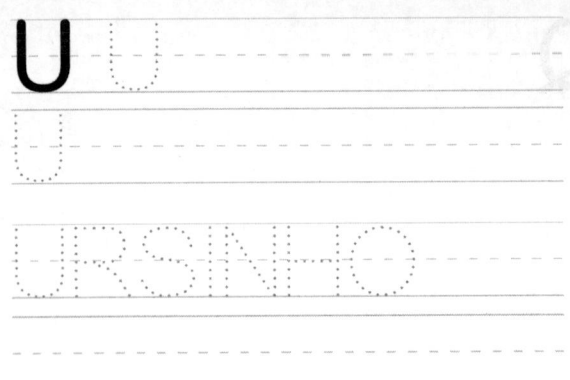

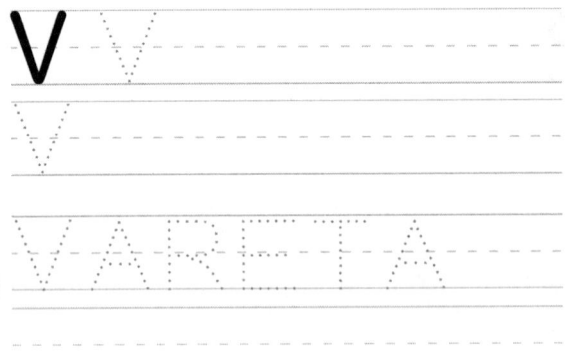

U
U
URSINHO

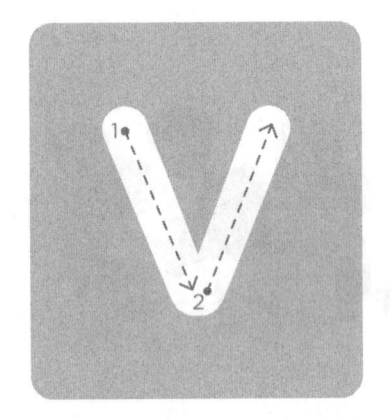

V

V
V
VARETA

W

W
W
WINDSURF

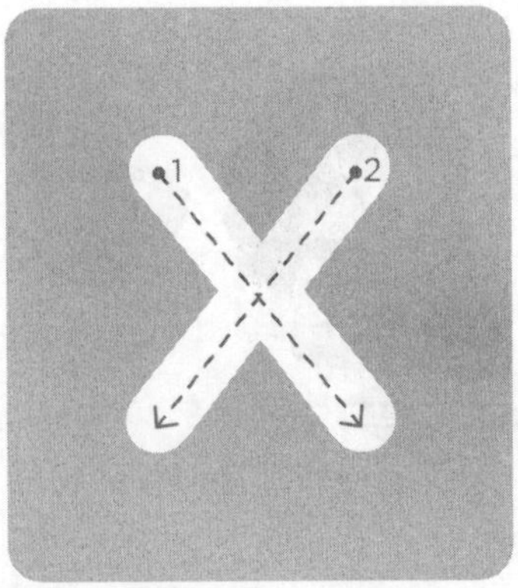

X

X
X
XADREZ

Y Y Y
Y Y
YOGA

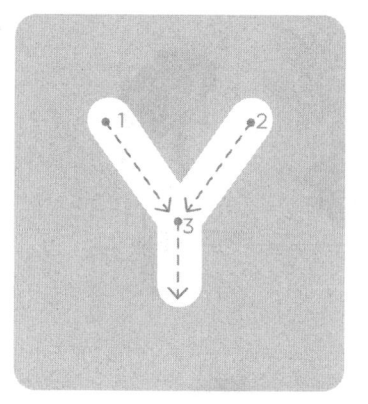

Z Z Z
Z Z
ZORRO

CUBRA OS PONTILHADOS E CONHEÇA OUTROS BRINQUEDOS E BRINCADEIRAS. DEPOIS, COPIE AS PALAVRAS.

ADOLETÁ

BAMBOLÊ

CARRINHO

ELÁSTICO

FORCA

GANGORRA

MEMÓRIA

PETECA

QUEIMADA